浙江省地方标准

自发光交通标识试验规程

Test specification for self-luminous traffic signs

DB 33/T 2204—2019

主编单位：金华市公路管理局
　　　　　浙江路光科技有限公司
　　　　　浙江正达检测科技有限公司
　　　　　金华市公路学会
批准部门：浙江省市场监督管理局
实施日期：2019 年 07 月 11 日

人民交通出版社股份有限公司

图书在版编目（CIP）数据

自发光交通标识试验规程 / 金华市公路管理局等主编. — 北京：人民交通出版社股份有限公司，2019.9
ISBN 978-7-114-15789-9

Ⅰ.①自… Ⅱ.①金… Ⅲ.①公路标志—试验规程—中国 Ⅳ.①U491.5-65

中国版本图书馆CIP数据核字(2019)第187413号

书　　名：	自发光交通标识试验规程
著 作 者：	金华市公路管理局
	浙江路光科技有限公司
	浙江正达检测科技有限公司
	金华市公路学会
责任编辑：	黎小东
责任校对：	张　贺
责任印制：	张　凯
出版发行：	人民交通出版社股份有限公司
地　　址：	(100011)北京市朝阳区安定门外外馆斜街3号
网　　址：	http://www.ccpress.com.cn
销售电话：	(010)59757973
总 经 销：	人民交通出版社股份有限公司发行部
经　　销：	各地新华书店
印　　刷：	北京市密东印刷有限公司
开　　本：	880×1230　1/16
印　　张：	1.25
字　　数：	30千
版　　次：	2019年9月　第1版
印　　次：	2019年9月　第1次印刷
书　　号：	ISBN 978-7-114-15789-9
定　　价：	25.00元

(有印刷、装订质量问题的图书，由本公司负责调换)

DB 33/T 2204—2019

目　次

前言 .... Ⅲ
1 范围 1
2 规范性引用文件 1
3 术语和定义 1
4 试验项目 1
5 技术要求 2
6 试验方法 4
7 试验报告 7
附录A（规范性附录） 发光性能试验记录表 9
附录B（规范性附录） 力学性能试验记录表 11
附录C（规范性附录） 外观质量记录表和外观质量汇总表 13

Ⅰ

前 言

本标准依据GB/T 1.1—2009《标准化工作导则 第1部分:标准的结构和编写》给出的规则进行起草。

请注意本文件的某些内容可能涉及专利,本文件的发布机构不承担识别这些专利的责任。

本标准由浙江省交通运输厅提出并归口。

本标准起草单位:金华市公路管理局、浙江路光科技有限公司、浙江正达检测科技有限公司、金华市公路学会。

本标准主要起草人:吕宁生、林文岩、李海光、马永刚、周琪、童雁书、范翔、李寿伟、徐子淇、张阳、华文龙、吕宇雯、胡建明、卢浩、宋栩薇、商峻、方显峰、金欣欣。

DB 33/T 2204—2019

自发光交通标识试验规程

1 范围

本标准规定了自发光交通标识试验的试验项目、技术要求、试验方法、试验报告等的要求。
本标准适用于自发光交通标识技术性能的试验检测。

2 规范性引用文件

下列文件对于本文件的应用是必不可少的。凡是注日期的引用文件,仅注日期的版本适用于本文件。凡是不注日期的引用文件,其最新版本(包括所有的修改单)适用于本文件。

GB/T 1766—2008　　色漆和清漆　涂层老化的评级方法
GB/T 2411—2008　　塑料和硬橡胶　使用硬度计测定压痕硬度(邵氏硬度)
GB/T 22040—2008　　公路沿线设施塑料制品耐候性要求及测试方法
GB/T 24725—2009　　突起路标
JJG 2033—1989　　光亮度计量器具检定系统
JT/T 967—2015　　公路蓄能型自发光交通标识
DB 33/T 975—2015　　蓄能自发光交通标识设置技术规程
DB 33/T 2033—2017　　公路隧道蓄能自发光应急诱导系统设置技术规程

3 术语和定义

JT/T 967—2015、DB 33/T 975—2015 和 DB 33/T 2033—2017 界定的以及下列术语和定义适用于本文件。

3.1
自发光交通标识　self-luminous traffic signs
蓄能自发光交通标识和电光蓄能自发光应急诱导标识的统称。

3.2
标识试验　signs test
模拟自然环境中对自发光交通标识进行发光性能、力学性能及耐候性能的试验。

4 试验项目

4.1 分类

自发光交通标识(以下简称标识)各种试验检测性能如下：
a) 发光性能试验:试验标识的亮度及衰减特性;
b) 力学性能试验:试验标识的抗压荷载性能、表面硬度性能、抗冲击性能、纵向弯曲强度等;
c) 耐候性能试验:试验标识的耐温度交变性能、耐高温湿热性能、耐热氧老化性能、耐循环盐雾性能、耐二氧化硫性能、耐风沙吹蚀性能、耐紫外光暴晒性能、氙弧灯人工加速老化性能等。

1

4.2 要求

4.2.1 标识的试验项目按表1的要求进行。

表1 试验项目要求

试验项目		蓄能自发光交通标识					电光蓄能自发光应急诱导标识				
		诱导标识、指示标识	警示标识		路面标识	立面标识	轮廓标识	条形标识	应急通行指引标识	应急设施指引标识	应急诱导标识(装置)
			绊阻物	其他							
发光性能试验		√	√	√	√	√	√	√	√	√	√
力学性能试验	抗压荷载试验				√						
	表面硬度试验	√	√	√	√						
	抗冲击试验		√		√						
	纵向弯曲强度试验				√						
耐候性能试验	耐温度交变试验	√	√	√	√	√	√	√	√	√	√
	耐高温湿热试验	√	√	√	√	√	√	√	√	√	√
	耐热氧老化试验	√	√	√	√	√	√	√	√	√	√
	耐循环盐雾试验	√	√	√	√	√	√	√	√	√	√
	耐二氧化硫试验	√	√	√	√	√	√	√	√	√	√
	耐风沙吹蚀试验	√	√	√	√	√	√	√	√	√	√
	耐紫外光暴晒试验	√	√	√	√	√	√	√	√	√	√
	氙弧灯人工加速老化试验	√	√	√	√	√	√	√	√	√	√
注:"√"表示应进行该项试验。											

4.2.2 标识的力学性能试验为破坏性试验,试验后残样不再进行发光性能及耐候性能试验。

4.2.3 标识的耐候性能试验前后各做一次发光性能试验。

5 技术要求

5.1 外观质量要求

标识经耐候性能试验后,外观质量不低于表2中质量等级的要求,评级方案及方法按照GB/T 1766—2008的相关规定执行。

表2 外观质量等级要求

内　　容	等级要求	变　化　程　度
变色等级	3	明显变色(灰色样卡评定法)
粉化等级	1	很轻微,试布上刚可观察到微量颜色粒子(天鹅绒布法粉化等级评定法)

表 2 外观质量等级要求(续)

内　　容		等级要求	变 化 程 度
开裂等级	开裂数量	1	很少几条,小得几乎可以忽略的开裂
	开裂大小	S1	10 倍放大镜下才可见开裂
气泡等级		0	无泡
生锈等级	锈点数量	1	很少,几个锈点
	锈点大小	S1	10 倍放大镜下才可见锈点
剥落等级	剥落面积	0	0
	剥落大小	S0	10 倍放大镜下无可见剥落
综合等级		1	保护性漆膜综合老化性能等级要求

5.2 性能要求

5.2.1 发光性能要求

标识力学性能试验前和耐候性能试验前的发光性能要求见表3。

表 3　发 光 性 能 要 求

名　称	时段	蓄能自发光交通标识		电光蓄能自发光应急诱导标识	
		试验条件	亮度(mcd/m²)	试验条件	亮度(mcd/m²)
发光性能	1	本规程6.1.3.1 和6.1.3.2	—	本规程6.1.3,激发光源停止后10s时	≥32000
	2	停止激发 10min 时	≥1550	停止激发 10min 时	≥2400
	3	停止激发 60min 时	≥220	停止激发 90min 时	≥270
	4	停止激发 180min 时	≥52	停止激发 180min 时	≥150

5.2.2 力学性能和耐候性能要求

标识的力学性能和耐候性能要求见表4。

表 4　力学性能和耐候性能要求

名称	试 验 项 目	性 能 指 标
力学性能	抗压荷载	按 GB/T 24725—2009 中 6.8 A1 和 A2 类试验,试样破坏或产生明显变形(大于3.3mm)抗压荷载应不小于 160kN
	表面硬度	按 GB/T 2411—2008 试验,表面邵氏硬度不小于 $80H_D$
	抗冲击性能	经 GB/T 24725—2009 中 6.6 的整体抗冲击试验后,以冲击点为圆心,直径 12mm 的区域外不应有任何形式的破损
	纵向弯曲性能	按 GB/T 24725—2009 中 6.9 加载试验时,试样彻底断裂或突然卸荷的荷载应不小于 9kN

表4 力学性能和耐候性能要求(续)

名称	试验项目	性能指标
耐候性能	耐温度交变性能、耐高温湿热性能、耐热氧老化性能、耐循环盐雾性能、耐二氧化硫性能、耐风沙吹蚀性能、耐紫外光暴晒性能、氙弧灯人工加速老化性能	标识经耐候性试验后,其外观质量符合本规程表2的规定,其后再次进行发光性能试验;每个试样耐候性试验后,发光性能试验试样亮度应不小于本规程表3中各时段亮度值的75%

6 试验方法

6.1 发光性能试验

6.1.1 试验目的

试验测试标识的力学性能试验前和耐候性能试验前后不同时段发光性能指标,要求试样发光性能符合本规程表3和表4的规定。

6.1.2 试验仪器

6.1.2.1 蓄能自发光交通标识试验仪器符合以下要求:
a) 亮度测试仪:测量时间不低于3h,测量区间包括$1.0 \times 10^{-3} \sim 1.0 \times 10^{3} cd/m^{2}$,测量精确度达到$1mcd/m^{2}$,其他指标按JJG 2033—1989规定执行;
b) 标准光源箱:人工日光D_{65}光源,照度为$(1000 \pm 30)lx$范围内;
c) 干湿温度计:由两支相同的普通温度计组成,一支用于测定气温,称干球温度计;另一支在球部用蒸馏水浸湿的纱布包住,纱布下端浸入蒸馏水中,称湿球温度计;测试所用干湿温度测定范围为$-20℃ \sim 50℃$;
d) 计算机:普通计算机,安装测试软件,供进行相关指标测试时控制和记录用。

6.1.2.2 电光蓄能自发光应急诱导标识试验仪器符合以下要求:
a) 亮度测试仪:测量时间不低于3h,测量区间包括$1.0 \times 10^{-3} \sim 1.0 \times 10^{3} cd/m^{2}$,测量精确度达到$1mcd/m^{2}$,其他指标按JJG 2033—1989规定执行;
b) 标准光源箱:人工日光D_{65}光源,照度为$(1000 \pm 30)lx$范围内;
c) 干湿温度计:由两支相同的普通温度计组成,一支用于测定气温,称干球温度计;另一支在球部用蒸馏水浸湿的纱布包住,纱布下端浸入蒸馏水中,称湿球温度计;测试所用干湿温度测定范围为$-20℃ \sim 50℃$;
d) LED光源:电源供电电压12V或24V,LED工作电流2mA,IP66防水等级,$600cd/m^{2}$峰值亮度,发光均匀,无突出亮点;
e) 计算机:普通计算机,安装测试软件,供进行相关指标测试时控制和记录用;
f) 标识控制器:DB 33/T 2033—2017中7.2规定的标识控制器。

6.1.3 试验条件

6.1.3.1 标识发光性能试验的试样一组为5个。

6.1.3.2 标识试验的通用条件如下:
a) 标准环境温度为$(23 \pm 2)℃$、相对湿度$(50 \pm 5)\%$,工作环境用照明光源应使用暗室红灯;
b) 试样、仪器和用具的温度应与实验室内室温一致;

c) 试样外观质量符合本规程表2的要求；试样测试前，应在标准温湿度的暗室环境中放置24h；
d) 亮度测试仪、标准光源箱、LED光源、标识控制器等电子设备应进行预热，预热参照仪器说明书且不少于10min；
e) 测量时环境照度应小于10 lx。

6.1.3.3 电光蓄能自发光应急诱导标识专用条件如下：
a) LED光源：如图1所示，LED光源总功率为0.25W，用蓝光LED灯珠点阵（或面）光源布置在片状（或板状）上，每$2cm^2$灯珠数为1颗，灯珠间距为1cm，分布均匀，计12颗灯；
b) 试样距离LED光源自发光体5mm处。

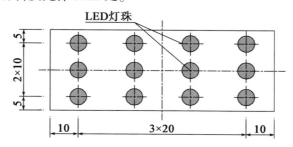

图1 LED光源布置图（尺寸单位：mm）

6.1.4 试验步骤

6.1.4.1 蓄能自发光交通标识

6.1.4.1.1 开启仪器，打开人工日光D_{65}光源，将亮度测试仪探头放置在标准光源箱中间位置。过5min待光源照度稳定后，调节遮光片，控制照度为(1000±30)lx范围内。

6.1.4.1.2 在计算机上打开软件，填写相关信息，设置测量时长及读取亮度的间隔时间，间隔时间宜设置为5s。

6.1.4.1.3 再次检测照度值是否在容许误差范围内，确认后，将待测试样放置到照度探头平行的位置，开始计算激发时间，即激发时间为10min。

6.1.4.1.4 仔细观察照度，控制照度在规定范围内。待激发时间达到要求后，迅速将亮度测试仪探头放置在试样上进行测量并同步关闭标准光源，在试样周围放上遮光装置（此过程应在5s内完成）。

6.1.4.1.5 仪器开始自动检测，记录人工日光D_{65}激发光源停止后10min、60min、180min时自发光体的亮度。所有试样检测完成后保存及打印检测数据，关闭仪器、清理检测试样。

6.1.4.2 电光蓄能自发光应急诱导标识

6.1.4.2.1 电光蓄能自发光标识连接标识控制器，将标识放进标准光源箱中间位置。

6.1.4.2.2 开启仪器，接通LED光源激发自发光体1s，然后断开10s，再激发1s，断开10s……循环持续10min后，关闭LED光源。用精确度为$1mcd/m^2$的亮度测试仪对5个试样进行亮度性能测试。

6.1.4.2.3 将照度探头放置在标准光源箱标识上。

6.1.4.2.4 在计算机上打开软件，填写相关信息，设置测量时长及读取亮度的间隔时间，间隔时间宜设置为5s。

6.1.4.2.5 仪器开始自动检测，记录激发LED光源停止后10s、10min、90min、180min时自发光体的亮度值。所有试样检测完成后保存及打印检测数据，关闭仪器、清理检测试样。

6.1.5 结果整理

6.1.5.1 蓄能自发光交通标识

6.1.5.1.1 记录 5 个试样在光源停止激发后 10min、60min 和 180min 时的亮度值,取各时段 3 次测试的平均值作为每个试样该时段的亮度值,再对 5 个试样进行平均值计算。

6.1.5.1.2 测试记录值应保留 1 位小数,平均值计算结果精确至 $1mcd/m^2$。

6.1.5.2 电光蓄能自发光应急诱导标识

6.1.5.2.1 记录 5 个试样在激发光源停止后 10s、10min、90min、180min 时的亮度值,取各时段 3 次测试的平均值作为每个试样该时段的亮度值,再对 5 个试样进行平均值计算。

6.1.5.2.2 测试记录值应保留 1 位小数,平均值计算结果精确至 $1mcd/m^2$。

6.1.5.3 一组试样发光性能单项判定

一组试样中一个及以上试样单项判定不合格,则一组试样单项判定为不合格。

6.2 力学性能试验

6.2.1 标识力学性能试验的每项试验试样一组为 3 个。

6.2.2 标识力学性能试验要求和试验方法见表5。

表5 力学性能试验方法和试验要求

试验项目	试验方法	结果整理
抗压荷载试验	按 GB/T 24725—2009 中 6.8 规定进行	记录试样破坏时的最大力值为试验结果;3 个试样的测试记录值和平均值计算结果均应保留 1 位小数
表面硬度试验	按 GB/T 2411—2008 规定进行	在同一试样上至少相隔6mm测量5个硬度值,并计算其平均值作为一个试样的试验值;3个试样的测试记录值和平均值计算结果均应保留1位小数
抗冲击试验	按 GB/T 24725—2009 中 6.6 规定进行	检查、记录以冲击点为圆心、直径12mm的区域外不应有任何形式的破损
纵向弯曲强度试验	按 GB/T 24725—2009 中 6.9 规定进行	记录试样彻底断裂或突然卸荷的力值为试验结果,3 个试样的测试记录值和平均值计算结果均应保留 1 位小数

6.3 耐候性能试验

6.3.1 标识耐候性能试验的每项试验试样一组为 5 个。

6.3.2 按表6要求进行耐候性能试验。单个试样外观一个及以上单类判定不合格,整体外观质量单项判定为不合格。

表6 耐候性能试验方法和试验要求

试验项目	试验方法	结果整理
耐温度交变试验	按 GB/T 22040—2008 中 6.2 规定进行	检查试验后标识外观质量应符合本规程表2要求
耐高温湿热试验	按 GB/T 22040—2008 中 6.3 规定进行	
耐热氧老化试验	按 GB/T 22040—2008 中 6.4 规定进行	

表 6 耐候性能试验方法和试验要求(续)

试验项目	试验方法	结果整理
耐循环盐雾试验	按 GB/T 22040—2008 中 6.5 规定进行	检查试验后标识外观质量应符合本规程表 2 要求
耐二氧化硫试验	按 GB/T 22040—2008 中 6.6 规定进行	
耐风沙吹蚀试验	按 GB/T 22040—2008 中 6.7 规定进行	
耐紫外光暴晒试验	按 GB/T 22040—2008 中 6.8 规定进行	
氙弧灯人工加速老化试验	按 GB/T 22040—2008 中 6.9 规定进行	

6.3.3 标识经耐候性能试验后,试样再次进行发光性能试验时,每个试样各时段的测试平均值应不小于耐候性试验前本规程表 3 所列要求值的 75%。

7 试验报告

7.1 发光性能试验报告

试验报告应至少包括以下信息:
a) 样品来源;
b) 试验方法;
c) 试验条件;
d) 发光性能试验要求出具 LED 光源光照时间、电子设备预热时间、状态条件调节和时间;
e) 试验依据标准编号;
f) 试验周期;
g) 试验样品名称和型号;
h) 试验样品的尺寸;
i) 试验设备;
j) 设备型号、规格;
k) 按附录 A 的表 A.1、表 A.2 记录试验结果;
l) 试验日期和人员。

7.2 力学性能试验报告

试验报告应至少包括以下信息:
a) 样品来源;
b) 试验方法;
c) 试验条件;
d) 试验依据标准编号;
e) 试验周期;
f) 试验样品名称和型号;
g) 试验样品的尺寸;
h) 试验设备;
i) 设备型号、规格;
j) 按附录 B 的表 B.1~表 B.4 的要求记录试验结果;
k) 试验日期和人员。

7.3 耐候性能试验报告

试验报告应至少包括以下信息：
a) 样品来源；
b) 试验方法；
c) 试验条件；
d) 耐候性能试验要求出具相关的预处理方法、外观特征描述等；
e) 试验依据标准编号；
f) 试验周期；
g) 试验样品名称和型号；
h) 试验样品的尺寸；
i) 试验设备；
j) 设备型号、规格；
k) 按附录 C 的表 C.1、表 C.2 的要求记录试验结果；
l) 试验日期和人员。

附 录 A
（规范性附录）
发光性能试验记录表

表 A.1、表 A.2 分别给出了蓄能自发光交通标识发光性能试验表格、电光蓄能自发光应急诱导标识发光性能试验表格。

表 A.1 蓄能自发光交通标识发光性能试验记录表

工程名称_____　委托单位_____
试样编号_____　试样状态_____
测试项目_____　测试时间_____
试验类别　力学性能试验前□　耐候性能试验前□　耐候性能试验后□ [a]

试样编号	激发照度（lx）	激发时间（min）	采样时间	各时段亮度要求（mcd/m²）	各时段试样测试亮度（mcd/m²）	单个试样各时段平均值或5个试样平均值（mcd/m²）	单个试样单项判定
1			10min		， ，		
			60min		， ，		
			180min		， ，		
2			10min		， ，		
			60min		， ，	10min：	10min：
			180min	10min：	， ，		
3			10min		， ，		
			60min		， ，		
			180min	60min：	， ，	60min：	
4			10min		， ，		
			60min		， ，		
			180min	180min：	， ，	180min：	
5			10min		， ，		
			60min		， ，		
			180min		， ，		
一组5个试样发光性能单项评定							

[a] 根据标识的试验类别，分别在对应的标识力学性能试验前发光性能试验、耐候性能试验前发光性能试验或耐候性能试验后发光性能试验的方格"□"中打勾√。

表 A.2 电光蓄能自发光应急诱导标识发光性能试验记录表

工程名称_____ 委托单位_____
试样编号_____ 试样状态_____
测试项目_____ 测试时间_____
试验类别　力学性能试验前□　耐候性能试验前□　耐候性能试验后□ [a]

试样编号	激发照度（lx）	激发时间（min）	采样时间	各时段试样亮度要求（mcd/m²）	各时段试样测试亮度（mcd/m²）	单个试样各时段平均值或5个试样平均值（mcd/m²）	单个试样单项判定
1			10s		， ，		
			10min		， ，		
			90min		， ，		
			180min		， ，		
2			10s	10s：	， ，	10s：	
			10min		， ，		
			90min		， ，		
			180min	10min：	， ，	10min：	
3			10s		， ，		
			10min		， ，		
			90min	90min：	， ，	90min：	
			180min		， ，		
4			10s		， ，		
			10min	180min：	， ，	180min：	
			90min		， ，		
			180min		， ，		
5			10s		， ，		
			10min		， ，		
			90min		， ，		
			180min		， ，		
一组5个试样发光性能单项评定							

[a] 根据标识的试验类别，分别在对应的标识力学性能试验前发光性能试验、耐候性能试验前发光性能试验或耐候性能试验后发光性能试验的方格"□"中打勾√。

附 录 B
（规范性附录）
力学性能试验记录表

表B.1～表B.4给出了标识力学性能试验（抗压荷载、表面硬度、抗冲击、纵向弯曲强度）记录表格。

表B.1 抗压荷载试验记录表

工程名称_____ 委托单位_____
试样编号_____ 试样状态_____
测试项目_____ 测试时间_____

试样编号	技术要求	试样描述	最大荷载值(kN)	平均荷载力值(kN)	单项判定
1					
2					
3					

表B.2 表面硬度试验记录表

工程名称_____ 委托单位_____
试样编号_____ 试样状态_____
测试项目_____ 测试时间_____

试样编号	技术要求 (H_D)	测试结果 (H_D)	每个试样平均值 (H_D)	平均值 (H_D)	单项判定
1		，，，，			
2		，，，，			
3		，，，，			

表B.3 抗冲击试验记录表

工程名称_____ 委托单位_____
试样编号_____ 试样状态_____
测试项目_____ 测试时间_____

试样编号	技术要求	测试结果	单项判定
1			
2			
3			
备注			

表 B.4 纵向弯曲试验记录表

工程名称＿＿＿＿＿＿＿＿＿＿＿＿＿＿＿＿＿＿＿＿　　委托单位＿＿＿＿＿＿＿＿＿＿＿＿＿＿＿＿＿＿＿＿
试样编号＿＿＿＿＿＿＿＿＿＿＿＿＿＿＿＿＿＿＿＿　　试样状态＿＿＿＿＿＿＿＿＿＿＿＿＿＿＿＿＿＿＿＿
测试项目＿＿＿＿＿＿＿＿＿＿＿＿＿＿＿＿＿＿＿＿　　测试时间＿＿＿＿＿＿＿＿＿＿＿＿＿＿＿＿＿＿＿＿

试样编号	技术要求	测试结果	单项判定
1			
2			
3			

附 录 C
（规范性附录）
外观质量记录表和外观质量汇总表

表 C.1、表 C.2 给出了标识各试验项目的外观质量记录判定表和外观质量判定汇总表。

表 C.1 外观质量记录表

工程名称_____ 委托单位_____
试样编号_____ 试样状态_____
测试项目_____ 测试时间_____
试验类别 力学性能试验前□ 耐候性能试验前□ 耐候性能试验后□[a]

内　　容		变 化 程 度	单类判定等级
变色等级			
粉化等级			
开裂等级	开裂数量		
	开裂大小		
气泡等级			
生锈等级	锈点数量		
	锈点大小		
剥落等级	剥落面积		
	剥落大小		
综合等级			
单个标识整体外观质量单项判定			

[a] 根据标识的试验类别，分别在对应的力学性能试验前外观质量、耐候性能试验前外观质量或耐候性能试验后外观质量的方格"□"中打勾√。

表 C.2 外观质量汇总表

工程名称_____ 委托单位_____
试样编号_____ 试样状态_____
测试项目_____ 测试时间_____
试验类别 力学性能试验前□ 耐候性能试验前□ 耐候性能试验后□[a]

试 样 编 号	技 术 要 求	单个试样整体外观质量单项判定	一组试样单项判定
1			

表 C.2 外观质量汇总表（续）

试样编号	技术要求	单个试样整体外观质量单项判定	一组试样单项判定
2			
3			
4			
5			

ᵃ 根据标识的试验类别，分别在对应的力学性能试验前外观质量、耐候性能试验前外观质量或耐候性能试验后外观质量的方格"□"中打勾√。